地球が危ない！
プラスチックごみ

編者：幸運社　協力：東京農工大学教授　高田秀重／ WWF ジャパン／公益財団法人かながわ海岸美化財団

③ みんなで減らそう! プラスチック

汐文社
ちょうぶんしゃ

はじめに

　私たちのまわりには本当にたくさんのプラスチック製品があります。

　ペットボトル、ボールペン、洋服のボタン、車の部品……。あげたらきりがありません。また、スーパーの袋や食品の包装に使われているビニールもプラスチックの仲間です。

　プラスチックは軽くて丈夫で長持ちします。また、ほかの素材より安く作れるので、世界中の人たちが使っています。

　ところが、この便利なプラスチックで、いま大変なことが起きているのを知っていますか。

　木や鉄のような自然界に存在するものは、時間がたてばいつかは消えてなくなりますが、プラスチックは粉々になっても、完全になくなることはありません。形を変えて、たまっていくばかりなのです。リサイクルされるのは一部で、あとは燃やされて灰になるか、半永久的に消えないごみになります。

　プラスチック製品は私たちの生活に欠かせないため、完全になくすことはできません。でも、使う量を減らしていかなければ、将来、地球はプラスチックごみに埋もれてしまうでしょう。

　この本では、どうすれば増え続けるプラスチックごみを減らすことができるのか、自然を破壊しないためには何をしたらいいのかを考えます。

　赤ちゃんから、おじいさんおばあさんまで、プラスチック製品を使わない人はいません。ということは、プラスチックごみに無関係の人は誰もいないのです。

　だからこそ、プラスチックごみをなくすためのさまざまな社会の取り組みを知り、一人ひとりが自分にできることをすぐに始めてほしいのです。

　美しい環境を守るために、地球がプラスチックに埋もれてしまう前に……。

プラスチックがあふれ出す

これは、プラスチックごみが浮いた川です。ごみだらけで、水の表面さえ見えません。

「きたない！」「こんなところに住みたくない」誰もが、そう思うでしょう。きっと、ここに住んでいる人たちだって、「きれいな川に戻ってほしい」と願っているはずです。

いま、世界中にこうした場所があります。

もし、私たちが今まで通り、何も考えずにプラスチックを使い捨てにしていると、こうした場所をもっともっと増やすことになります。そしていつか、私たちの住んでいる場所も、プラスチックに埋め尽くされてしまうかもしれないのです。

だから私たちは、いま地球に何が起きているかを知り、自分たちができるのは何かを考えなくてはならないのです。

これからはリデュースの時代

★世界中にプラスチックごみが

プラスチックは何百年かけても自然にはなくなりません。粉々になり、見えなくなるほど小さくなっても、消えてなくなることはないのです。

日本では、毎年1000万トンのプラスチックが生み出され、人口一人あたりでは、70キロ以上のプラスチックを使っています。

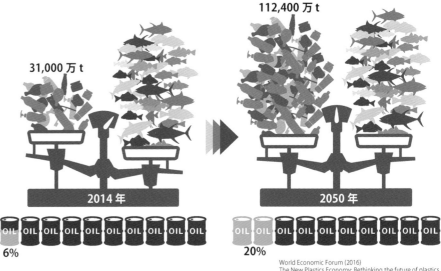

112,400万 t

31,000万 t

2014年

2050年

OIL OIL OIL OIL OIL OIL OIL OIL OIL OIL

6%

OIL OIL OIL OIL OIL OIL OIL OIL OIL OIL

20%

World Economic Forum (2016)
The New Plastics Economy: Rethinking the future of plastics

2050年には生産されるプラスチックの量は魚の量を上回り、消費する原油の20%がプラスチック生産に使用されると予測される
（提供：©Neufeld,L.,et al (2016)／WWFジャパン）

一部は自然の中に捨てられ、最終的に海へ流れ込み、その量は増え続ける一方です。

世界の海にはすでに1億5000万トンのプラスチックごみがあるとされていますが、さらに、毎年800万トンのプラスチックごみが海に流れ込んでいます。

★リサイクルより、リデュースの時代へ

増え続けるプラスチックごみを減らすためには、どうしたらいいでしょう。

燃やせば二酸化炭素が発生し、地球温暖化の問題が起きます。また、埋め立てる場所はこれ以上増やせませんし、環境汚染も心配です。

リサイクルによって、新しいプラスチック製品や化学原料に再生させることも大切ですが、今までと同じようにどんどん使ってどんどん捨てていたのでは、プラスチックごみはますます増えていきます。

そこで、私たちが取り組むのは、ごみを少しでも増やさないことでしょう。

ごみを生かそうという考え方が「リサイクル」。ごみを減らそうとする考え方を「リデュース」といいます。

これからは、リサイクルより、リデュースの時代なのです。

ごみを減らす「R」は3つだけじゃない

★ 3R から、たくさんの R へ

みなさんがよく耳にする 3 つの「R」は次の 3 つです。

Reduce（リデュース）…
ごみを減らす

たとえば、ボトルの液体石鹸ではなく、固形石鹸を使う。

Reuse（リユース）…
くりかえし使う

たとえば、自分が使わなくなった物を捨てずに、必要な人にゆずる。

Recycle（リサイクル）…
ごみを再利用する

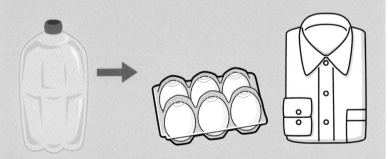

たとえば、資源に戻したペットボトルから、たまごのケースやシャツが作られる。

でも、ごみを減らすためには、もっといろいろな「R」があるのを覚えておきましょう。

Refuse（リフューズ）…
ごみになるものを断る

たとえば、レジ袋を断ってマイバッグを使う。

Repair（リペア）…
修理して使う

こわれたら捨てるのではなく、直して長く使う。

Rental（レンタル）…
借りて使う

たとえば、車を買うのではなく、必要なときに借りて使う。

Rule（ルール）…
ルールを守る

ごみの分別のルールをきちんと守れば、ごみを減らすことができる。

このほかにも、
Return（リターン）…買ったお店に引き取ってもらう
Reform（リフォーム）…形を変えて使い続ける
Rebuy（リバイ）…リサイクルされた物を買う
など、ごみを減らすための「R」はいろいろあります。

今日から始めよう 私たちができること

　プラスチックごみを減らすために、私たちができることはたくさんあります。生活をちょっとだけ変えればいいのです。

　一度に全部できなくても大丈夫。一人ひとりが「プラスチックごみを減らしていこう」という気持ちで暮らすことがとても大切です。

★マイボトルを持ち歩く

　外出先でのどがかわいたら、つい自動販売機やコンビニで飲み物を買ってしまいます。そして、その多くはペットボトルです。

　でも、マイボトルを持ち歩けば飲み物を買う必要はありません。お金も節約できるし、ごみも減らせます。

★レジ袋はもらわない

　海には、たくさんのレジ袋が流れ着きます。そして、海の生き物が間違って食べたり、袋が体にからみついて命を落としています。また、1枚のレジ袋からは数千個のマイクロプラスチックができます。でも、マイバッグを持ち歩けば、レジ袋を減らすことができます。

★マイストローを使う

　ストローは使い捨てプラスチックの代表。飲み終わったとたんにごみになります。

　最近では金属製のストローが売られるようになりました。洗って何度でも使えるので環境にやさしいのです。

★プラスチックスプーンやフォークをもらわない

お弁当やデザート類を買ったとき、「スプーン（フォーク）をつけますか？」と聞かれることがあります。家に持ち帰って食べるのなら必要ありませんね。「いりません」という一言がプラスチックごみを減らすことにつながります。

★プラスチックごみが少ないものを選ぶ

野菜や果物は、ビニール袋に入って売られているものもあれば、そのまま売られているものもあります。できるだけビニール袋に入っていないものを買えば、確実にプラスチックごみを減らせます。

★素材を選ぶ

ものを買うときに素材を選ぶのも、一人ひとりができることです。プラスチック製が絶対ダメというわけではありませんが、ガラス、陶器、木などは環境にやさしい素材です。

★ふたつきの容器で保存

料理や食べかけのものを保存するとき、ビニール袋に入れたり、ラップをすることが多いようです。でも、どちらもプラスチックの仲間です。ふたのついた容器を使えば、ごみが出ません。

今日から始めよう 私たちができること

★修理して長く使う

「こわれたら捨てる」という生活から、「修理して使う」という生活に変えることで、ごみの量を減らせます。

★次々に新しいものを買わない

世の中には安くていいものがたくさん売られています。次から次へとほしくなりますが、ひとつのものを大切に長く使い続けることが大事です。

★不要になっても有効に活用する

自分は使わないけれど、ほかの誰かが使ってくれれば捨てずにすみます。中古のものをもらったりあげたり、売ったり買ったりすることで、ごみを減らす大きな力になります。

バザーやフリーマーケットを上手に利用しましょう。

★家の周り、近所の清掃をする

ごみは風や雨で川に運ばれ、最終的に海に流れ込みます。家の周りを掃除すると、海をきれいにすることにつながるのです。落ちているごみを見つけたら、きちんとごみ箱に捨てましょう。

★レジャーで出たごみは持ち帰る

　この写真は、バーベキューをした人が残していったごみです。レジャーで出たごみは、自分たちで持ち帰るのが基本。ごみを放置するのは、絶対に許されないことです。

★川や海岸の清掃に参加する

　川や海のそばに住んでいる人たちが、毎日ひとつずつごみを拾うだけで、驚くほど川や海はきれいになるはずです。

★そのほかにも、こんなことができます

・ごみの分別のルールを守る
・プラスチックごみについて、調べ、考えてみる
・プラスチックごみについて、家族や友だちに伝える、話し合う
・自分がどのくらいプラスチックごみを出しているか調べてみる
・家族や友だちにプラスチックごみを減らすように呼びかける
・プラスチックごみによる海洋汚染について調べてみる
・プラスチックごみを減らす目標を立てる
・プラスチックごみを減らすアイデアを考える

　赤ちゃんからお年寄りまで、プラスチックを使わない人はいません。だからこそ、一人ひとりができることから始めるのが、とても大切です。

「一人でも世界は変えられる！」と言

神奈川県茅ヶ崎市。湘南海岸の近くに住む金丸泰山君は、海が大好きな中学3年生（自修館中等教育学校）です。

ある日のこと、いつものように泰山君がはだしで砂浜を散歩していたところ、小さなプラスチックを踏んでケガをしてしまいました。痛みは数日続きました。

「このごみは、いったいどこから来たんだろう？」

気になった泰山君は、インターネットで調べてみました。そして、東京農工大学の高田秀重先生の記事と出合ったのです。

そこには、海洋プラスチック汚染のこと、プラスチックごみに苦しむ海の生物のこと、魚や貝の体からもプラスチックが見つかっていることなどが書かれていました。

家族もいっしょにビーチクリーン

あらためて海岸に行ってみると、想像以上にたくさんのプラスチックごみがありました。

「こんなものが海の中にあったら大変だ！」

そう思った泰山君は、すぐに海岸清掃・ビーチクリーンを始めました。

料理教室の先生をしているお母さんや、自分で寿司を握るほど魚好きのお父さんも、「いつも食べる魚にプラスチックが入っているかもしれないなんて」とショックを受け、積極的にビーチクリーンに参加してくれるようになりました。

ところが、拾っても拾ってもごみはなくなりません。そこで、もっともっとたくさんの人に海洋プラスチックの現状を

自修館中等教育学校3年
金丸 泰山

1分間の動画を作りました

ち上がった14歳

知ってほしいと考えた泰山君は、3つのテーマを訴える、1分間の動画を作りました。

①プラスチックごみから海洋生物を守りたい
②将来にきれいな海を残したい
③プラスチック汚染を少しでも減らしたい

この動画はさまざまな人の心を動かし、泰山君は、少年少女国連大使に任命されました。

そして、環境先進国のスイスやスウェーデンを見学し、大いに学ぶチャンスを手にしたのです。

それは、「一人でも世界は変えられる！」という強い思いを持つ、泰山君の大きな一歩でした。

活動でつながっていく仲間
（提供：海岸清掃団体 湘南ウキブイ）

お母さんも SNS で発信

泰山君を応援してくれるお父さん

同じ学校から少年少女国連大使に選ばれた、同級生の加藤陽菜さん

環境先進国スイス、スウェーデン

2019年夏。全国から選ばれた30名の少年少女国連大使は、環境への先進的な取り組みで世界から注目されているスイス、スウェーデンを見学しました。

日本と世界の違いを知り、また、たくさんの人たちと交流することで、SDGs（持続可能な開発目標。すべての人にとってよりよい世界を作るため、地球環境を守るための世界共通の目標のこと）の理解を深めました。

国連欧州本部

★街のいたるところにごみ箱

泰山君がスイスに行って驚いたのは、ごみ箱の多さでした。街のあちこちに設置され、特に観光地として有名なレマン湖のまわりには、数十メートルおきにごみ箱が置かれていました。そのおかげで、湖にはごみ一つ落ちていません。

スイス・レマン湖

あちこちにあるごみ箱

ごみ箱が多いのでポイ捨てがない

★プラスチックフリーの売り場

日本では、野菜や果物はビニール袋入りで売られることが多いのですが、スイスやスウェーデンでは、ほとんどがそのままの状態で売られています。また、包装には環境にやさしい素材が使われ、レジ袋には、植物をもとに作られた生分解性プラスチックが使われていました。

環境にやさしいグリーンマークがついている

★ペットボトルを入れるとお金が戻ってくる

スウェーデンでは、飲み終わったアルミかんやペットボトル、ガラスびんを入れると、お金が出てくる機械があります。「デポジット制回収機」と呼びます。飲み物を買うときの値段には、びんやかん、ペットボトルのお金が含まれていて、デポジット制回収機に容器を入れると、その分のお金が戻ってくるのです。

子どもたちは、容器が落ちていれば、すすんで拾い機械に入れます。すると、街もきれいになり、おこづかいにもなります。

そのため、ペットボトルの回収率は99%にもなっています。

お金が戻ってくる機械

リサイクルすると、1クローネ（約11〜15円）戻ってくると書かれている

★生ごみで走るバス

スウェーデンの市バスの多くは、生ごみを発酵させて発生するバイオガスで走ります。

なんと、バナナの皮1〜2キログラムで、2キロメートルも走ることができます。

そのため、スウェーデンでは、「ごみは不要なものではなく、資源である」という考え方が根づいています。

バイオガスで走る市バス

生ごみを入れる紙袋。そのまま発酵させてバイオガスを作り出せる

まずは自分の街から変えていく！

　少年少女国連大使として、多くのことを学んできた泰山君は、「まず自分の住んでいる茅ヶ崎から変えていこう！」と考えました。

　そして、同じ気持ちを持った仲間を増やすために活動しています。

「知らなかった」「勉強になった」という人も多い

「あ、おもちゃの線路だ！」「アイスの棒もあるよ」と、夢中になる子どもたち

★地元のイベントでのワークショップ

　地元で行われたハロウィンイベントに、学校の仲間たちと参加。海洋プラスチック問題や、スイスやスウェーデンで学んできた取り組みをわかりやすくまとめ、訪れた人たちに訴えました。

　また、実際に海岸に落ちているプラスチックごみを使って、おもちゃ作りをしました。

　「こんなにたくさんプラスチックごみがある」と、小さな子どもたちにも感じてもらうことがねらいです。

海岸から運んできた砂に、どれだけのプラスチックごみが混じっているか実験する

イベントで配られたエコバッグ
（提供：公益社団法人　茅ヶ崎青年会議所）

SDGsって何?

　最近、テレビなどでも話題になる「SDGs」という言葉は、日本語に訳すと、「持続可能な開発目標」となります。これは、世界中のすべての人にとって、よりよい世界を作るため、地球環境を守るための世界共通17の目標です。

　プラスチックごみから海を守ろうという活動は、SDGsの14番目の目標「海の豊かさを守ろう」に含まれています。

　17の目標を見ると、「世界にはいまどんな問題があるのか」を知り、「自分には何ができるのか」を考えるきっかけになります。

17の持続可能な開発目標

★フェアトレードを広める挑戦

　泰山君と同じ学校に通う加藤陽菜さんは、「日本でフェアトレードを広める」という活動を行っています。

　コーヒーが大好きな陽菜さんは、ある時、「コーヒー豆はどんなところで作られているのだろう」と興味を持ちました。それがきっかけで、発展途上国では、安い賃金で危険な仕事や重労働を強いられている人たちがいることを知りました。その中には、女性や子どもたちも含まれています。

　貧しい国の生産者が、その働きに合った正当な賃金を受け取れるような仕組みがフェアトレードです。

　スイスやスウェーデンでは当たり前ですが、日本ではまだあまり知られていません。

　だからこそ陽菜さんは、周囲の人やお店に声をかけたり、イベントを行うなどして、フェアトレードを広める活動をしています。

　フェアトレードは、SDGsとも深く関係があります。どの目標に当てはまるか、みなさんも考えてみましょう。

海外の学生と交流する陽菜さん（右）

海洋プラスチックごみを考える授業

　環境保全団体WWFジャパンでは、小学校や中学校で、「海洋プラスチックごみ」について学ぶ授業を行っています。

　小学校では、もともとごみの処理について学ぶ単元があり、ごみの分別に取り組んでいるため、どの学校でも熱心に話を聞いてくれます。

　でも、「マイクロプラスチック」が野生動物や人間の体に入り込んでいる可能性があることを聞くと、びっくりした顔になります。また、「プラスチックごみがどうして問題になっているのか」、専門家の詳しい話に興味津々です。

　そして、日本人が非常に多くのレジ袋やペットボトルを使っていること、それが海に流れ込んで、海の生物などにさまざまな問題を引き起こしていることを学んだあと、それまでの自分たちの生活をふりかえり、「どうすれば解決できるのだろう？」「自分たちにできることは何だろう？」と考え始めます。

ウミガメや海鳥たちが傷ついていることを知ると、教室のあちこちから、動物の気持ちになって、「かわいそう」「ひどい」という声があがる

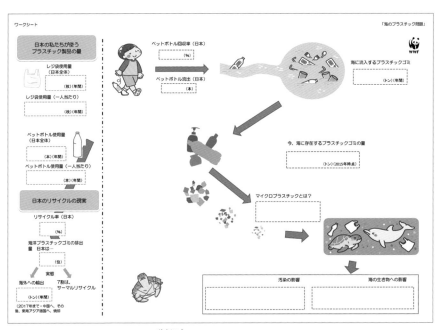

WWFのプラスチックごみ学習のワークシート
（提供：©Takimoto ／ WWFジャパン）

★子どもたちの声・意見

・絶対にポイ捨てはしてはいけないと思いました
・レジ袋を使わないように意識したい
・ポスターを作って、みんなの環境意識を高めたい
・マイバッグを使う機会を増やしていく

★もう一歩進んだ中学での授業

中学校の授業では、海洋プラスチック全般について学ぶほかに、「プラスチックのストローがなくなると、逆にどんな問題が起きるか？」をテーマに話し合いが行われました。

使い捨てプラスチックであるストローは減らさなくてはいけないけれど、「子どもやお年寄りが飲み物を飲みにくくなる」「ストローを作っている会社が倒産してしまうのでは」などと問題が出てきました。

それに対し、「食べられるストローを開発する」「ストローがなくても飲みやすいように紙パック飲料の飲み口を工夫する」といったアイデアが出ました。中学生になると、こうしたひと工夫された意見が出るようになります。

プラスチックごみ問題を根本的に解決する策は簡単には見つかりませんが、こうして考えることが何より大切なのです。

授業風景①（提供：WWFジャパン）

授業風景②（提供：WWFジャパン）

海を救え！　ダイバーが始めた「エ

エコストア・パパラギでは、プラスチックを使わない商品が約150品目以上。また環境にやさしい商品が多数売られています。

もちろん、レジ袋も、ラッピングもありません。それは、「人と健康と海を大切にしたい」という思いから生まれた店だからです。

3人のプロダイバーが始めた店

★太平洋に浮かんだプラスチック

オーナーの武本匡弘さんは40年間も海に潜り続けているプロダイバーです。海辺の町に生まれ、海と親しみ、海の恵みを受けて育ちました。

ダイバーになって前半の20年、武本さんは数え切れないほど美しい海を見てきました。しかし、後半の20年は、美しかったサンゴがどんどん白くなり死に絶えていく姿を目撃してきたのです。そこで、海を守るための活動を始めました。

海で何が起きているのかを確かめるため、自分のヨットで180日もかけて、太平洋の真ん中まで航海しました。

見渡す限り大海原のあちこちに、プラスチックごみが浮いていました。また、船体には、たびたびプラスチック製の浮き玉（漁に使う道具）が当たりました。

「自分が使っているプラスチックが美しい海をこわしているんだ」

そう思うと、つくづく、これまでの自分の生活がいやになりました。

プラスチックフリーの商品が並ぶ店内

トア」

★世界を変えていくのは消費者

「陸での生活スタイルを変えれば、人も海も地球も元気を取り戻せるかもしれない」

そう考えた武本さんは、仲間のダイバーとともに、エコストア・パパラギを開店。店内には、木やガラスや金属など、プラスチックを使わない、環境にやさしい商品がずらりと並びます。

また、「海と自然の教室」を開き、多くの人に地球環境を考える大切さを伝えています。社会を、世界を変えていくのは消費者だと考えているからです。

くりかえし使える金属製のストローは大人気

洗剤は量り売りされる

私たちがいつも使っている消しゴムのほとんどはプラスチック製。パパラギの消しゴムは天然ゴム製

「最近、海に来る人が減っています。海に来なければ関心がなくなり、海を大切にしなくなってしまいます。だから、もっと海に来てほしい、そして海を大好きになってほしいです」

これは、心から海を愛する武本さんのメッセージです。

海水のマイクロプラスチックを調べる

海の中を撮影する

食べられる器で、ごみゼロへの挑戦

みなさん、お祭りは好きですか。綿菓子、ヨーヨー、金魚すくい……。食べ物を売る屋台がずらりと並び、ワクワクしますね。

しかし、屋台の食べ物の器は、ほとんどが使い捨てプラスチックです。そのため、お祭りの会場では、大量のごみが捨てられています。

屋台の近くであふれかえるごみを見て、「これでは、楽しいお祭りの雰囲気が台なしだ。なんとかならないだろうか」と立ち上がった人がいます。愛知県碧南市にある株式会社丸繁製菓の榊原さんです。

★アイスもなかの皮作りから生まれたアイデア

器ごと食べられる

いろいろ考えているうちに、ひらめいたのは、「食べられる器」でした。器ごと食べてしまえば、ごみが出ないからです。

もともと、アイスもなかの皮を作る会社だったので、どんなふうに作ればいいか、なんとなくイメージがありました。

ところが、アイスもなかの皮と同じ材料で作ると、器が食べ物の水気を吸ってグニャグニャになったり、あるいは、食べられないほど固くなってしまいました。

碧南市のある愛知県西部では、えびせんべいが有名です。そこで、これをヒントに作ってみると、水に強く、サクッと歯触りが良いものができあがりました。

「マツモト　シェイブ　アイス」はハワイで70年近い歴史がある店

2年間かけて作り上げられた食べられる器は、「eat（食べる）」「tray（器）」から、「e-tray（イートレイ）」と命名されました。

★ハワイからも注文が！

完成から8年たったいま、イートレイはたくさんの人に知られ、注文が入るようになりました。そのひとつが、ハワイにある有名なかき氷屋さんです。

ハワイでは美しい海岸にプラスチックごみが大量に流れ着き、大きな問題になっています。その中には日本から流れてきたごみもたくさん含まれています。

そのため、プラスチックをなくすための取り組みが盛んで、このかき氷屋さんも「プラスチックの器をやめて、食べられる器がほしい！」と思っていたところ、イートレイに出合ったのです。

★「おいしく、楽しく、健康に」が目標

今後の目標は、イートレイを食べることで「肌がきれいになる」「骨が丈夫になる」「一日の栄養の〇分の1がとれる」など、健康面についてもプラスしていくこと。

「おいしくて楽しくて体にいいからイートレイを食べていたけれど、これってごみが出なくて、環境にやさしいよね」と、みんなが気づいてくれたらうれしいと、榊原さんは笑顔で話しています。

イートレイは子どもたちに大人気

紫いも味の材料を金属の型に入れ、圧力をかけて焼き上げるところ

えびせんべい、焼とうもろこし、オニオン、紫いもの4つの味があり、料理に合わせて選べる

水を入れて1時間以上置いても形が変わらない

食べられるお箸も作られています

25

プラスチックごみを回収する、海

海洋プラスチックごみを取り除くための活動が世界各地で始まっています。

神奈川県で、江の島ヨットハーバーのある湘南港に「Seabin（シービン）」が設置されたのも、その活動のひとつです。

「Seabin（シービン）」は、海に漂うごみを吸って集めるバケツ型の装置で、現在は39の国と地域で、179台が活躍。日本では湘南港が初めてです。

浮き桟橋に設置されるシービン

「Sea（海）」「bin（ごみ箱）」から名づけられたシービン

★海が大好きな2人が開発

シービンは、オーストラリアで生まれました。開発したのは、アンドリューさんとピーターさんです。

子どものころから海で遊んで育った2人は、美しい海に浮かぶビニール袋やペットボトル、そのほ

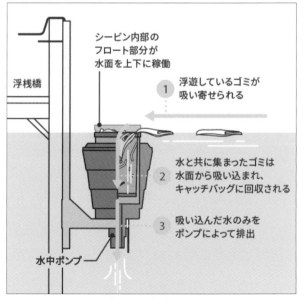

シービン内部のフロート部分が水面を上下に稼働

浮桟橋

1　浮遊しているゴミが吸い寄せられる

2　水と共に集まったゴミは水面から吸い込まれ、キャッチバッグに回収される

3　吸い込んだ水のみをポンプによって排出

水中ポンプ

シービンのごみを集める仕組み

のごみ箱

かのごみに心を痛めていました。そして、なんとか、魚を傷つけず、ごみだけを回収する装置を作り上げたのです。

　シービンの大きさは直径約50センチメートル。海面ぎりぎりに設置してポンプを動かすと、水とごみを吸い込んで、水だけを下から出す仕組みになっています。

　海面ぎりぎりでごみを吸い込むので、魚を傷つけることはありません。

小さなプラスチックごみがたくさん

★海の中には、マイクロプラスチックがいっぱい！

　海外13か国で555日間かけて集めたごみを調べたところ、79,040個（2.2トン）の海に浮いているごみを回収。そのうち、たばこの吸い殻が1,580個、プラスチック類が13,436個、主にプラスチックや発泡スチロールのかけらなどが64,024個もありました（右図）。

　また、千葉県館山市の船形漁港で3日間、合計5時間の調査を行った結果、自然にあるもの（海藻類、葉、木）2,600グラム、人工物（プラスチック、ひも、かん、たばこ）500グラムをシービンで回収しました。プラスチックごみは、回収ごみ全体の13％もありました。(p26〜ここまでの写真提供：株式会社平泉洋行)

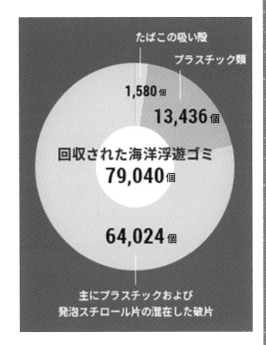

たばこの吸い殻　プラスチック類

1,580個　13,436個

回収された海洋浮遊ゴミ
79,040個

64,024個

主にプラスチックおよび
発泡スチロール片の混在した破片

迫力満点のセーリング競技

★美しい海でスポーツを楽しむためにも

　シービンが設置された江の島は、サーフィンやセーリングなど、海を舞台にしたさまざまなマリンスポーツが行われています。

　美しい海でマリンスポーツを楽しむためにも、海洋プラスチックごみについて、みんなで考え、取り組んでいきたいですね。

かながわプラごみゼロ宣言！
クジラが教えてくれたこと

海岸に漂着したシロナガスクジラ
（提供：（公財）かながわ海岸美化財団）

2018年8月。神奈川県の由比ガ浜海岸に、死んだシロナガスクジラの赤ちゃんが打ち上げられました。おなかの中からは、プラスチック片が発見されました。

神奈川県では、これを「クジラからのメッセージ」と受け止めて、県民みんなで力を合わせて海を守ろう、特にマイクロプラスチック問題に全力で取り組もうと決めました。そして、2030年までのできるだけ早くに、「リサイクルされない、廃棄されるプラスチックごみゼロを目指す」という目標を作りました。

★マイエコ10宣言！

プラスチックごみをゼロにするために、一人ひとりができることはたくさんあります。

神奈川県では、「マイバッグを持参し、レジ袋はもらわない」「マイボトル、マイ箸を持ち歩く」「ごみの少なくなるものを選んで買う」「プラごみによる海洋汚染について調べてみる」など、16項目をピックアップし、その中から自分ができそうなことを10個選んで宣言する、「トライ！ マイエコ10宣言《プラごみゼロ宣言バージョン》」を実施。また、コンビニエンスストアやスーパーマーケット、レストランなどと協力しあって、プラスチック製ストローやレジ袋の利用廃止や回収を進め、海岸に来た人たちにプラスチックごみの持ち帰りを呼びかけるなどの取り組みを行っています。

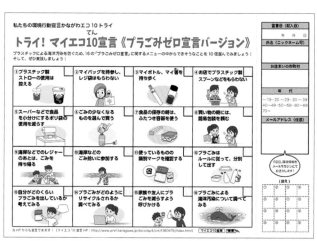

すぐに始められる取り組みがいっぱい
（提供：神奈川県）

通学路のごみを集めてみよう！

みなさんの通学路はきれいですか。ごみがひとつも落ちていないでしょうか。

たぶん、ふだんはそんなことを考えずに歩いている人が多いはずです。でも、道の端や溝のところをよく見ると、プラスチックごみが必ずと言っていいくらい落ちています。

ためしに、自宅から学校まで歩いてプラスチックごみを拾ってみましょう。

★ 10分間でこれだけのごみが！

これは、東京農工大学の高田秀重先生が自宅から近くの駅まで歩く10分の間に拾ったごみです。町のごみは、ポイ捨てされたものばかりでなく、ごみ箱からこぼれた、カラスにいたずらされた、風で飛ばされた、というものも少なくありません。

こうしたプラスチックごみは、破れたり砕けたりしながら最終的に海へ運ばれます。街のごみと海のごみには、深い関係があるのです。

（提供：高田秀重）

★海のピンチは街が救う！

「海のピンチは街が救う」というプロジェクト（NPO法人 海さくら）では、湘南の海と渋谷の街で拾ったごみを入れた「海の叫び魚（うぉーーー）」を展示しました。

魚の体がプラスチックごみでいっぱいになる様子は、いま、海で起きている問題をわかりやすく表わしています。

（提供：（公財）かながわ海岸美化財団）

世界の国や企業の取り組み

世界中の国や企業が、「プラスチックを減らしていこう」という取り組みを始めています。

たとえば日本では、お菓子の袋やコンビニのドリンクカップが紙製になったり、エコバッグを持ってきた人にポイントがつくサービスがあるなど、まだまだ小さな一歩ですが、少しずつ広がりを見せています。

ここで紹介するのは、世界の取り組みのほんの一部ですが、家庭で、学校で、地域で取り入れられることもたくさんありますので、ぜひ参考にしてください。

アメリカ生まれのスターバックスコーヒーは、2020年までに世界約28,000店舗の使い捨てのストローを廃止すると宣言しました。このことによって年間約10億本の使い捨てストローがなくなります。

アメリカ・シアトルが第1号店のスターバックスコーヒー

洗顔フォームなどの化粧品の中に、小さなプラスチック「マイクロビーズ」が入っていることがありますが、イギリスでは、そうした商品の製造や販売は法律で禁止されています。

デンマークで生まれ、世界中の子どもに愛されている「LEGO（レゴ）」は、2030年までに商品とパッケージをプラスチック製から、環境にやさしい素材に変えることを決めました。

アフリカの小さな国ルワンダ共和国では、2007年からビニール袋の使用が禁止されています。海外からの旅行客がビニール袋を持ち込むと、空港で没収されます。

ルワンダの空港のポスター
ルワンダ語、英語、フランス語で「ビニール袋持ち込み禁止」と書かれている

スーパーのレジには紙袋　　買い物をしたルワンダの男性

ヒマラヤ山脈のあるネパールには、世界中から登山家がやってきます。ところが、登山客が増えて、ごみの問題が深刻になっています。そこでネパール政府は、「登山する人は全員、それぞれ8キロのごみを持って帰ること」というルールを設けました。

世界一高い山エベレストがあるネパール

ネパールで売られているバッグには、「ビニール袋はきらい」「自然を救おう」「プラスチックは環境汚染」などの文字が書かれている

31

みつろうラップ作りに挑戦!

　ミツバチの巣からはちみつをとったあとに「ロウ（ワックス）」が残ります。これは「みつろう」と呼ばれます。
　市販されているラップは、プラスチックの仲間で使い捨てですが、みつろうを布にしみこませると、環境にやさしいラップができます。食品や器をピタッと包むことができ、また水洗いすればくりかえし使えます。

材料

- みつろう
  （ネットショップなどで買えます）
- 木綿の布
  （一度洗って乾かしてから、作りたい大きさにカットします）
- アイロンとアイロン台
- クッキングシート、新聞紙

❶アイロン台の上に新聞紙、その上にクッキングシート、その上に布をのせます。
　布の上にみつろうをのせます。溶けて広がるので間をあけます。

❷布にクッキングシートをかぶせて、アイロンをかけます。設定温度は高温でドライ。
　みつろうはすぐ溶けるので、アイロンは滑らせず、上から押すような感じで使います。

❸みつろうが溶けたら、すぐにクッキングシートをはがし、布もはがします。
とても熱いので、やけどしないように注意します。

❹器にのせて手で押さえるようにすると、うまく包めます。
冷えるとかたくなりますが、手で温めると柔らかくなります。

❺食品をそのまま包めます。
中身が見えないので、ふせんを貼っておくと便利です。

❻使い終わったら水洗いして、干せば何度でも使えます。
みつろうがとれてきたら、また、みつろうをのせてアイロンをかければOK です。

いろいろな模様の布で、みつろうラップを作れば楽しく、とても便利です。ただし、アイロンを使うので、必ず大人の人といっしょに作りましょう。

（撮影協力　茅ヶ崎　Blue Sea）

※みつろうラップは熱に弱いので、電子レンジの使用はできません。また、熱いものは冷ましてから包みましょう。冷凍保存にも向きません。

おさらいのページ

これからはリサイクルより、リデュースの時代。使い捨てプラスチックは使わないようにしよう。

プラスチックごみを燃やすと、地球温暖化が進んで環境が破壊されてしまう。燃やす量を少しでも減らしていこう。

プラスチックを減らす取り組みって、いろいろあるんだね。自分には何ができるか、考えてみよう。

　プラスチックは人間が生み出したものです。便利だからといってたくさん作り、たくさん捨てたために、世界中で問題が起きています。多くの生き物が傷つき、命を落としています。そして、私たち人間もプラスチックの危険にさらされています。

　すでに海に流れ込んだたくさんのプラスチックをすべて取り除くことはできません。だからこそ、これ以上、プラスチックごみを増やさないように、一人ひとりができることを今すぐ始めていきましょう。

　一人の力は小さくても、みんなが力を合わせれば、美しい地球を守れるのです。

この本の制作に協力していただきました

■高田秀重／たかだ・ひでしげ

東京農工大学農学部　環境資源科学科　教授

環境汚染の解析が専門。廃棄されたプラスチックの海洋汚染や環境ホルモン、ごみ処理のあり方に警鐘を鳴らしてきました。医薬品による水汚染問題に日本で最初に取り組んだ1人でもあります。最近は「プラスチックの海」問題についての講演活動も。

国連の海洋汚染専門家会議のグループのメンバーとして、世界のマイクロプラスチックの研究を担当。日本海洋学会・日本水環境学会・日本環境化学会などで受賞多数。

■ WWFジャパン（公益財団法人　世界自然保護基金ジャパン）

WWFは、100を超える国々で活動する世界最大の環境保全団体です。

絶滅のおそれのある野生動物の保護を目的として1961年にスイスで設立され、現在は、野生生物の保護から地球温暖化防止まで、減プラスチックも提唱しながら、地球全体の生物多様性の保全に幅広く取り組んでいます。

人と自然が調和して生きられる未来をめざして、日々活動を続けています。

WWFの活動は、動物や自然を守りたいと願う人たちの寄付で支えられています。

http://www.wwf.or.jp

■公益財団法人かながわ海岸美化財団

神奈川県横須賀市走水海岸から湯河原町湯河原海岸までの約150キロメートルの自然海岸の美化を目的として設立されました。神奈川県の自然海岸の一体的な清掃のほか、ごみの持ち帰り運動やビーチクリーンアップの開催等による美化啓発、海岸清掃ボランティアへの支援など、さまざまな事業を進めています。

http://www.bikazaidan.or.jp

学校キャラバン（提供：(公財)かながわ海岸美化財団）

35

さくいん

編　者　株式会社幸運社
歴史、社会、科学、言語、健康、食文化など、さまざまな分野の制作集団。生活に役立つ広範囲な執筆活動を展開しています。
主な著書に『とっさの「防災」ガイド』『世界なんでもランキング100』『ことばのマナー常識401』（以上、PHP研究所）、
『「とても頭のいいやり方」大事典』（廣済堂出版）、『日本の教養・雑学大全』（三笠書房）などがある。

協　力　東京農工大学教授　高田秀重／WWFジャパン／公益財団法人かながわ海岸美化財団
編集制作　松島恵利子
デザイン　KIS
写　真　WWFジャパン、高田秀重、公益財団法人かながわ海岸美化財団、神奈川県、金丸泰山、武本匡弘、株式会社 丸繁製菓、
株式会社 平泉洋行、茅ヶ崎 Blue Sea、PIXTA

地球が危ない！ プラスチックごみ

❸ みんなで減らそう! プラスチック

2020年2月　初版第1刷発行
2021年4月　初版第3刷発行

編　者　株式会社幸運社
発行者　小安宏幸
発行所　株式会社汐文社
〒102-0071　東京都千代田区富士見1-6-1
TEL03-6862-5200　FAX03-6862-5202
URL https://www.chobunsha.com
印　刷　新星社西川印刷株式会社
製　本　東京美術紙工協業組合

ISBN978-4-8113-2631-3